# SCHIRMER'S LIBRARY OF MUSICAL CLASSICS

Vol. 371

T0071657

# CLASSICAL ALBUM

## Piano, Four-Hands

### TWELVE ORIGINAL PIECES

By

HAYDN, MOZART, BEETHOVEN,

CLEMENTI, KUHLAU, WEBER

### G. SCHIRMER, Inc.

DISTRIBUTED BY

HAL•LEONARD® CORPORATION

7777 W. BLUEMOUND RD. P.O. BOX 13819 MILWAUKEE, WI 53213

# Contents.

# Il maestro e lo scolare.

JOSEPH HAYDN.

Printed in the U. S. A.

# Il maestro e lo scolare.

JOSEPH HAYDN.

Printed in the U.S.A.

**Var.2.**

**Var.3.**

Var. 2.

Var. 3.

Var. 4.

Var. 5.

# Sonata.

W. A. MOZART.

Allegro.

# Sonata.

W. A. MOZART.

Allegro.

Allegro molto.

Allegro molto.

# Sonata.

W. A. MOZART.

Allegro.

# Sonata.

W. A. MOZART.

Allegro.

Adagio.

Molto presto.

**Molto presto.**

# Fantasia.

W. A. MOZART.

# Fantasia.

W. A. MOZART.

# Sonata.

Allegro assai.

M. CLEMENTI.

# Sonata.

M. CLEMENTI.

Allegro assai.

12477

# Sonatina.

FR. KUHLAU

# Sonatina.

FR. KUHLAU.

# Sonata.

L. van BEETHOVEN. Op. 6.

# Sonata.

L. van BEETHOVEN. Op. 6.

**Rondo.**
Moderato.

Rondo.
Moderato.

# Sonatina.

C. M. von WEBER.

Moderato, e con amore.

# Sonatina.

C. M. von WEBER.

Moderato, e con amore.

# Romanza.

C. M. von WEBER.

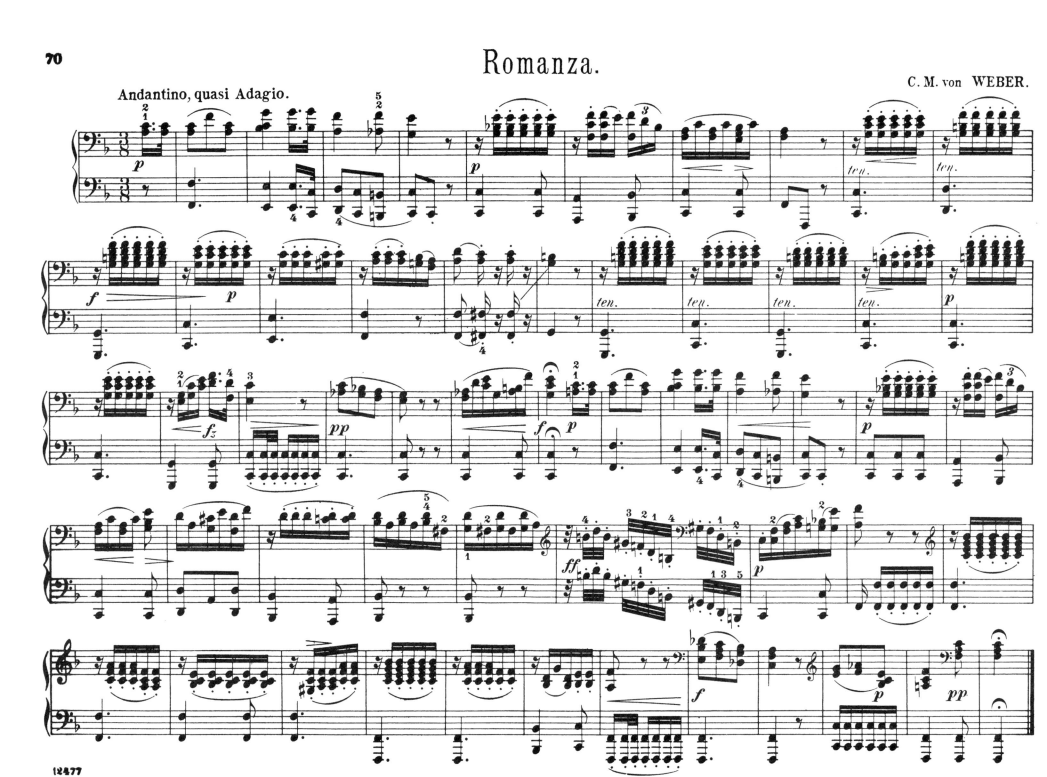

# Romanza.

C. M. von WEBER.

# Menuet.

C. M. von WEBER.

# Menuet.

C. M. von WEBER.

# Mazurka.

Vivace assai, e marcato.

C. M. von WEBER.

# Mazurka.

C. M. von WEBER.

**Vivace assai, e marcato.**

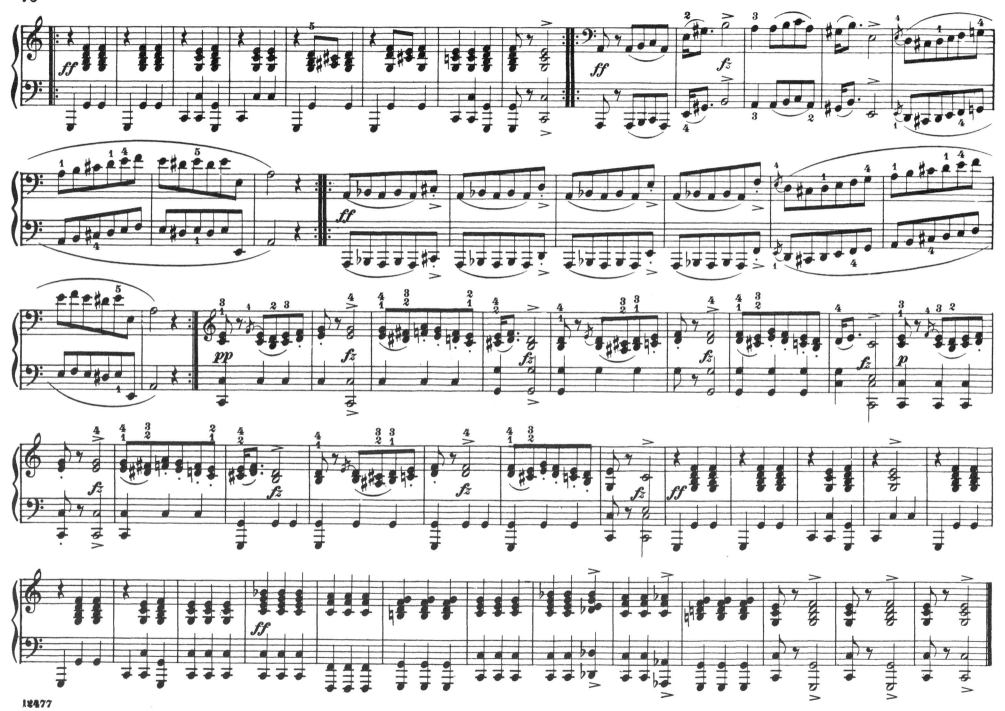

# Adagio.

C. M. von WEBER.

# Adagio.

C. M. von WEBER.